交通运输行业重点科技项目（2019-MS1-022）资助

旅游高速公路出行信息服务系统建设指南

Guidelines for the Construction of Travel Information Service System on Tourism Freeway

杨泓全　　何廷全　　王少飞　　骆中斌　**编著**

西南交通大学出版社

2023　成　都

图书在版编目（ＣＩＰ）数据

旅游高速公路出行信息服务系统建设指南 / 杨泓全
等编著 . —成都：西南交通大学出版社，2023.8
ISBN 978-7-5643-9477-6

Ⅰ. ①旅… Ⅱ. ①杨… Ⅲ. ①高速公路 – 旅游服务 –
情报服务 – 建设 – 广西 – 指南 Ⅳ. ①U495-62
②G252.8-62

中国国家版本馆 CIP 数据核字（2023）第 169906 号

旅游高速公路出行信息服务系统建设指南

杨泓全　　何廷全　　王少飞　　骆中斌　编著

责 任 编 辑	宋浩田
封 面 设 计	曹天擎
出 版 发 行	西南交通大学出版社 （四川省成都市二环路北一段 111 号 西南交通大学创新大厦 21 楼）
发行部电话	028-87600564　028-87600533
邮 政 编 码	610031
网 址	http://www.xnjdcbs.com
印 刷	成都蜀通印务有限责任公司
成 品 尺 寸	140 mm × 203 mm
印 张	3
字 数	62 千
版 次	2023 年 8 月第 1 版
印 次	2023 年 8 月第 1 次
书 号	ISBN 978-7-5643-9477-6
定 价	48.00 元

图书如有印装质量问题　本社负责退换
版权所有　盗版必究　举报电话：028-87600562

前　言

为推动广西高速公路"交旅融合"深入发展，提升广西旅游高速公路出行信息服务品质，在广西壮族自治区交通运输厅的大力支持下，广西新发展交通集团有限公司立项开展了交通运输行业重点科技项目"交旅融合背景下高速公路管控与服务关键技术研究"（2019-MS1-022）。根据项目研究成果并借鉴国内外相关技术，课题组编制了本指南，以指导广西新发展交通集团有限公司旅游高速公路出行信息服务系统建设。

在本指南执行过程中，请各单位注意收集资料，总结经验，并将有关意见和建议及时反馈至招商局重庆交通科研设计院有限公司（国家山区公路工程技术研究中心）数字交通与智慧城市研究院（联系人：骆中斌；电话：18008377443；E-mail：843532171@qq.com），以供今后修订时参考。

主编单位：广西新发展交通集团有限公司

参编单位：招商局重庆交通科研设计院有限公司

广西交通设计集团有限公司

编写人员名单

主　　　编：杨泓全　　何廷全　　王少飞　　骆中斌

副 主 编：叶　青　　李　敏　　俞山川　　朱　湧
　　　　　　陈均栋

参 编 人 员：邓晓宁　　宋　浪　　周　欣　　谢耀华
　　　　　　卢志远　　杨宝宝　　刘馥齐　　陈　珍
　　　　　　江维维　　罗　建　　楚嘉文　　党思雨
　　　　　　覃子轩　　陈　晨　　陈　奇

目　录

1 总　　则

1.0.1　为指导和规范旅游高速公路出行信息服务系统建设，推动高速公路"交旅融合"深入发展，提高出行服务品质，制定本指南。

1.0.2　本指南适用于广西新发展交通集团有限公司管辖范围内的新建、改（扩）建旅游高速公路，运营高速公路可参照使用。

1.0.3　旅游高速公路出行信息服务系统建设应积极稳妥地采用新理念、新思想、新理论、新技术、新方法、新材料、新设备和新工艺，加快培育壮大新业态、新模式、新服务和新经济。

1.0.4　旅游高速公路出行信息服务系统建设应坚持

创新、协调、绿色、开放、共享的发展理念，遵循内容规范、特色鲜明、精准精炼、及时准确、动态交互、智能便捷的基本原则。

1.0.5　旅游高速公路出行信息服务系统建设除应符合本指南的规定外，尚应符合国家、行业和广西壮族自治区现行有关标准及文件的规定。

2 术语和符号

2.1 术　语

2.1.1 旅游高速公路　tourism motorway

按照公路工程技术标准建设，连接城市旅游景区或沿线旅游景区较多、旅游客运比例较大的高速公路。

2.1.2 伴随式信息服务　accompanying travel information service

利用手机终端、车载终端等多种服务载体，为高速公路使用者提供基于当前所在位置的出行全过程、全时空、交互式信息服务。

2.2　符　号

App（Application）	应用软件
ETC（Electronic Toll Collection）	电子（不停车）收费
GIS（Geographic Information System）	地理信息系统
LBS（Location-Based Service）	基于位置的服务
LED（Light Emitting Diode）	发光二极管
PC（Personal Computer）	个人计算机
MTC（Manual Toll Collection）	（人工）半自动收费
4G/5G（the 4th/5th-Generation mobile Communication Technology）	第四/五代移动通信技术
WiFi（Wireless Fidelity）	无线通信保真技术

3 总体要求

3.1 基本规定

3.1.1 旅游高速公路出行信息服务系统建设宜综合考虑投入成本、用户覆盖范围、服务连续性等因素，整合内外部数据资源，统一信息服务内容和数据交互方式，全程、实时发布各类出行信息。

3.1.2 旅游高速公路出行信息服务系统应确保媒体、载体发布的信息内容和时效性保持一致、同步更新。

3.1.3 旅游高速公路出行信息服务系统宜具备以下功能：

1 设置敏感字监测及过滤功能。

2 设置账户冻结功能。

3.1.4 旅游高速公路出行信息服务系统使用的地图应符合现行《公开地图内容表示要求》（GB/T 35764）的有关规定。

3.2 建设目标

3.2.1 旅游高速公路出行信息服务系统可通过手机终端、车载终端、官方网站、服务热线、广播电视、沿线设施等多种载体发布出行信息。

3.2.2 旅游高速公路出行信息服务系统的发布内容应满足公众在出行前、出行中和出行后三个不同阶段的需求，提升公众出行的安全感、体验感和满意度。

3.2.3 旅游高速公路出行信息服务宜因地制宜、因路制宜、因时制宜，适应当地自然和人文环境，并提供特色化的旅游、休闲、餐饮、购物信息服务。

3.3 系统架构

3.3.1 旅游高速公路出行信息服务系统由数据采集、信息平台及服务载体等构成，宜优先通过手机终端、车载终端提供伴随式信息服务，系统总体框架如图 3.3.1-1 所示。

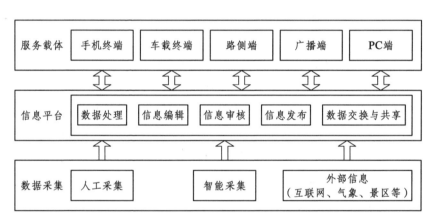

图 3.3.1-1 旅游高速公路出行信息服务系统总体框架

3.3.2 旅游高速公路出行信息服务系统宜为公众提供以下全过程信息服务：

1 出行前信息服务：出行规划信息服务（旅游线路规划等）、高速公路运输管理信息服务等。

2 出行中信息服务：交通运行状态信息服务、突发事件信息服务、计划事件信息服务、气象环境信息服务、沿线设施服务状态信息服务、旅游信息服务、车路协同信息服务、应急救援信息服务等。

3　出行后信息服务：出行服务质量满意度调查、公众反馈建议、失物招领及其他拓展服务等。

4 出行信息分类

4.1 一般规定

4.1.1 旅游高速公路出行信息应合法、准确，发布应及时、一致。

4.1.2 旅游高速公路出行信息服务过程中应符合如下隐私保护的规定：

1 旅游高速公路出行信息不应包含出行者姓名、身份证号、联系电话、个人或车辆行驶轨迹等信息。

2 服务机构在信息服务过程中获取的个人信息应符合《信息安全技术 个人信息安全规范》（GB/T 35273）的有关要求。

4.1.3 旅游高速公路出行信息不应包含如下信息：

1 非公开的政治活动信息。

2 管理单位内部管理信息。

3 易造成公众恐慌或不良社会影响的敏感事件信息。

4 国家规定不可对外披露的涉密信息。

4.1.4 旅游高速公路出行信息服务系统信息安全技术网络安全应符合《信息安全技术 网络安全等级保护基本要求》（GB/T 22239）有关要求。

4.1.5 按照公众出行信息需求，旅游高速公路出行信息服务应包括静态出行信息服务、动态出行信息服务、其他出行信息服务。

4.1.6 旅游高速公路静态出行信息主要包括高速公路路段基础信息、沿线服务设施信息。

4.1.7 旅游高速公路动态出行信息主要包括交通运行状态、突发事件、计划事件、环境、服务设施状态等信息。

4.1.8 旅游高速公路其他出行信息可包括但不限于

交通政务及行业、出行规划、应急保障、重要邻近点（观光区、客运站、旅游景点等）、常用辅助等信息。

4.2 静态出行信息

旅游高速公路路段基础信息应包含路线信息、桥梁信息、隧道信息和互通立交信息；沿线设施服务设施信息应包含公路沿线收费站、服务区、救援驻勤点等设施基础信息。静态出行信息如表 4.2-1 所示。

表 4.2-1 静态出行信息

序号	信息类别		信息内容
1	高速公路路段基础信息	路线信息	路线编号
			路线名称
			公路等级
			通行限制
			桩号
			里程
			车道（车道数量、类型、限速）
			行政区划代码

序号	信息类别		信息内容
1	高速公路路段基础信息	路线信息	路线示意图
			衔接公路名称
			沿线旅游景点（景点名称、介绍、价格、开放时间、交通方式、住宿餐饮以及活动等要素）
		桥梁信息	桥梁名称
			路线编号
			桩号
			通行限制
			桥梁长度
			桥梁宽度
			跨越地物类型
			桥梁技术状况评定等级
		隧道信息	隧道名称
			隧道长度
			路线编号
			桩号
			通行限制
			隧道宽度
			隧道高度
			隧道照明状况

序号	信息类别		信息内容
1	高速公路路段基础信息	互通立交信息	互通立交名称
			相交公路编号
			桩 号
			通行限制
			立交方向
		ETC门架信息	桩 号
			位 置
			编 号
2	沿线设施服务设施信息	收费站基础信息	名 称
			运营单位
			位 置
			所属公路（高速公路名称、编号及路段名称）
			车道数（ETC/MTC车道数）
		服务区基础信息	名 称
			位 置
			面 积
			公共厕所厕位
			停车位数量
			充电桩数量

序号	信息类别		信息内容
2	沿线设施服务设施信息	服务区基础信息	餐饮住宿（餐饮住宿名称、位置、预订电话、价格、房型、房间数量等要素）
			商超（商超总数、连锁品牌名称、支付方式等要素）
			ETC服务网点（网点名称、位置、服务项目等要素）
			加油站信息（加油站位置、油品种类、加气站信息等要素）
			车辆维修站（车辆维修站位置、联系电话、经营项目、主修车型等要素）
			母婴室
			无障碍通道
			医疗卫生服务
		救援驻勤点基础信息	联系方式
			地址
			业务范围
			人员配置
			设备配置

4.3 动态出行信息

高速公路动态出行信息主要包括交通运行状态、突发事件、计划事件、环境、沿线设施服务状态等信息，如表

4.3-1 所示。

表 4.3-1 动态出行信息

序号	信息类别	信息内容
1	交通运行状态信息	交通量
		平均速度
		通行状况
		视频图像
		交通量预测
		通行时间预测
		路径规划
2	突发事件信息	时间
		位置
		事件类型
		现场通行情况
		管制措施
		预计恢复时间
		绕行路线
		公路受损状况
		现场路面
		处理状态及时间节点

序号	信息类别	信息内容
3	计划事件信息	路线编号
		路线名称
		施工路段起止点里程桩号
		施工开始时间
		预计结束时间
		管制措施
		绕行路线
		施工类型
		现场视频信息
4	气象环境信息	气象信息
		受影响路线编号
		受影响路线名称
		起止点里程桩号
		预计天气类型
		影响时段
		管制措施
		安全提醒
5	沿线设施服务状态信息	收费站开启状态
		MTC车道开启数量
		ETC车道开启数量
		服务区开启状态
		加油站开启状态
		空闲充电桩数量

序号	信息类别	信息内容
5	沿线设施服务状态信息	空闲停车位数量
		空闲充电桩数量
		餐饮住宿开启状态
		ETC 服务网点开启状态
		车辆维修站开启状态
		旅游景区信息
		特色产品信息
		休闲娱乐信息
6	车路协同信息	车辆基本安全信息
		路侧安全信息
		周边车辆状态信息

4.4 其他相关信息

高速公路其他相关信息可包括交通政务及行业、出行规划、应急保障、重要邻近点（观光区、客运站、旅游景点等）、常用辅助等信息，如表 4.4-1 所示。

表 4.4-1 其他相关信息

序号	信息类别	信息内容
1	交通政务及行业信息	交通法律法规
		交通行业政策
		交通行业通告
		交通行业宣传
2	出行规划信息	出行方式
		较优路径
		备选路径
		绕行方案
		绕行路线路况
		重大节会和节假日出行攻略
		交通出行信息获取方式
3	应急保障信息	事故处理
		路政管理
		拖车服务
		车辆救援
		医疗急救
		消防等机构联系方式
		业务范围
		服务方式
		具体地点及所在地区
		队伍配置

序号	信息类别	信息内容
3	应急保障信息	收费标准
		应急运力
		应急物资
		超限运输
		报警救援渠道
		应急自救知识
4	重要邻近点信息	气象信息
		受影响路线编号
		受影响路线名称
		起止点里程桩号
		预计天气类型
		影响时段
		管制措施
		安全提醒
5	沿线设施服务状态信息	重要邻近点名称
		位置（所处省、市、区或县、乡镇或街道）
		开放时间
		收费情况
		到达该邻近点的距离
		行程
		时间

5 出行信息发布载体

5.1 一般规定

5.1.1 旅游高速公路出行信息发布方式可分为交通标志、可变信息标志、信息亭、移动应用。

5.1.2 可变信息标志应针对影响范围较大或影响程度较深的路况事件，邻近路段的可变信息标志也进行相关信息发布。

5.2 手机终端

5.2.1 配置要求

1 手机终端信息服务包括基于智能手机、平板电脑等移动设备提供的在线应用服务，如微信公众号、微信小程序、高速公路 APP 等，应满足以下要求：

1）软件根据移动应用的特点，以出行信息发布服务和实时信息查询为核心进行功能设计，合理设置功能栏目；

2）界面简洁明了，易读、易懂、易操作；

3）系统具有通用性和可扩展性。

2 手机终端应用应符合《移动互联网应用（App）性能管理平台技术要求》（YD/T 4089）的相关规定。

5.2.2 功能要求

1 手机终端应用菜单基本选项应包括：

1）路况信息：通过可视化图形界面，展示高速公路路况信息；

2）出行导航：可内置或者跳转至专业地图 App 进行路线导航；

3）路线规划：可内置或者跳转至专业地图 App 进行路线规划；

4）公路热线：根据用户当前位置提供相关高速公路路

段服务热线；

5）事故报警：根据用户当前位置提供相关高速公路路段报警电话；

6）反馈帮助：为用户提供反馈信息及帮助通道；

7）查询服务：为用户提供路况、收费站、服务区状态等信息查询。

2 手机终端应用应增加旅游线路规划、旅游景点介绍等特色应用，并通过手机短信、广播等方式实现旅游信息的推送。

5.2.3 性能要求

手机端应用应满足以下性能要求：

1）冷启动时间不大于 3 s，热启动时间不大于 1 s；

2）内存占用小于 400 MB；

3）功能操作响应时间不大于 1 s；

4）保持全天不间断运行，每年故障时间累计不超过24 h；

5）系统支持远程在线优化升级，以满足用户需求。

5.3　车载终端

5.3.1　配置要求

1　车载终端可通过普通车联网终端、智能网联汽车车载终端提供在线应用服务，应满足以下要求：

1）软件根据车载应用的特点，以出行信息发布服务和实时信息查询为核心进行功能设计，合理设置功能栏目；

2）界面简洁明了，易读、易懂、易操作；

3）系统具有通用性和可扩展性。

2　车载终端应用应符合《道路运输车辆卫星定位系统　车载终端技术要求》（JT/T 794）的相关规定。

5.3.2　功能要求

1　车载终端应用菜单基本选项应包括：

1）路况信息：通过可视化图形界面，展示高速公路路况信息；

2）出行导航：能够提供路线规划、实时交通信息、语音导航等服务，帮助驾驶员更加便捷地到达目的地；

3）查询服务：为用户提供路况、收费站、服务区状态、热门景点、公路热线及事故报警电话等信息查询；

4）高精定位：根据用户当前位置提供实时高精定位信息；

5）信息交互：为用户接收各种外部信息，并可进行信息的交互；

6）车辆预警：为用户提供车道偏离预警、碰撞预警、盲区监测等服务；

7）行车建议：通过自身采集的信息与外部接收信息的分析，为用户提供更加准确的行车建议。

2 车载终端应用应增加旅游线路规划、旅游景点介绍等特色应用，并通过车路协同信息的方式实现旅游信息的伴随式、精准推送。

5.3.3 性能要求

车载终端应用应满足以下性能要求：

1）终端及固件应能保持 24 h 持续独立稳定工作；

2）平均无故障间隔时间不超过为 3000 h；

3）水平定位精度不大于 15 m，高程定位精度不大于

30 m，速度定位精度不大于 2 m/s；

4）最小位置更新率：1 Hz；

5）热启动：实现捕获时间不超过 10 s；

6）功能操作响应时间不大于 1 s；

7）保持全天不间断运行，每年故障时间累计不超过 24 h；

8）系统支持远程在线优化升级，以满足用户需求。

5.4 旅游交通标志

5.4.1 基本要求

1 交通标志主要用于提示旅游景区（点）的旅游信息、方向、距离及其他相关信息等。

2 交通标志应符合 GB 5768 系列标准的相关规定。

3 交通标志的版面信息由旅游景区（点）符号标志、文字信息，及其他符号组成，符号标志应能表征旅游景区（点）特色。

4 交通标志的版面应符合下列要求：

1）交通标志版面颜色为棕底、白字、白色图形、白边框、棕色衬边；

2）交通标志版面形状为矩形，版面大小应根据字数、文字高度及排列情况确定；

3）交通标志版面中符号标志尺寸宜采用"60 cm×60 cm""80 cm×80 cm"；

4）交通标志版面中外边框和衬边的尺寸应符合 GB 5768 系列标准的规定；

5）交通标志中旅游景区（点）中文名称超过 6 个字时宜采用简称；

6）交通标志中旅游景区（点）的版面内容不应附带商业信息；

7）交通标志的支撑方式应根据设置条件选择柱式、悬臂式、门架式；

8）交通标志的设置不得侵占建筑限界，应保证公路应有的侧向余宽和净空高度；

9）交通标志的安装方式、逆反射材料，及其他相关设置要求应符合 GB 5768 系列标准的规定。

5.4.2 标志分类

1 交通标志按作用分类，可分为距离预告标志和出口预告标志。

2 距离预告标志用于预告高速公路前方所要经过的旅游景区（点）的名称和距离，可结合道路条件重复设置多组。

3 距离预告标志的旅游景区（点）信息不宜超过三个，并遵循由近及远、自上而下的排列顺序。

4 距离预告标志的版面形式见附录 A.1。

5 出口预告标志用于预告前方旅游景区（点）出口，可结合道路条件重复设置多组。

6 出口预告标志的旅游景区（点）信息不宜超过三个。

7 出口预告标志的版面形式见附录 A.2。

5.4.3 布设要求

1 交通标志中旅游景区（点）的选取，应结合高速公路沿线旅游景区（点）规划、高速公路沿线旅游景区（点）

分布、高速公路沿线旅游景区（点）等级划分、高速公路沿线地方政府需求等综合确定。

2 交通标志的设置应结合道路的设计速度、线形条件、交通流量及流向、交通组成，以及道路在周边路网中的位置等综合确定。

3 交通标志在布设时，应充分考虑其在周边路网体系中的系统性和连贯性。

4 旅游标志的布设应做到：综合考虑、合理布局、结构安全、位置合理、版面布局清晰美观、易于识别、能与旅游景区相适宜、便于视认。

5 同一道路中的同类型交通标志，其布设方式、版面大小等应尽量保持统一。

6 距离预告标志应选择视野良好的路段布设，宜选择在距离上次布设地点 10 km 后或在枢纽互通立交之后 2 km 位置设置。

7 出口预告标志宜在距离互通出口基准点前 150 m、1.5 km 位置单独设置，且应避免与其他交通标志的相互遮挡。若确实条件限制而无法单独布设时，可在不引起指路交通标志信息过载的情况下考虑与出口预告标志合设。

8 距离预告标志的布设形式见附录 A.3。

9 出口预告标志的布设形式见附录 A.4。

5.5　网联交通标志

5.5.1　旅游高速公路可通过网联交通标志提供路况信息、行程时间信息等，网联交通标志示例如图 5.5.1-1 所示。

图 5.5.1-1　具备路况、行程时间信息发布功能的网联通标志示例

5.5.2　旅游高速公路网联交通标志由主动发光交通标志（全透面板型）、三色光带与数位显示、通信模块等组成，可发布路况、行程时间信息。

5.6 可变信息标志

5.6.1 布设要求

1 省界高速公路入口侧、高速公路相接的枢纽互通应设置可变信息标志；

2 隧道群、连续纵坡路段、避险车道应设置可变信息标志；

3 可变信息标志宜设置在隧道入口联络车道前，且距隧道入口不宜小于 250 m；

4 特长隧道、长隧道内可设置可变信息标志，隧道内可变信息标志其间距宜为 1000～3000 m，并宜设置在车行横洞前 10～30 m 处；

5 可变信息标志应在特大桥两侧的引道、连接匝道上设置，宜在桥梁中央分隔带开口前，具备实现车道管控的功能；

6 地质灾害易发路段、高影响天气区段、交通量特别大的区段宜设置可变信息标志；

7 互通两侧宜设置可变信息标志；

8 服务区两侧宜设置可变信息标志；

9   收费站入口前可设置可变信息标志。

10   可变信息标志设置时宜避开高填方区和挖方区；

11   可变信息标志不得与交通安全标志等设施相互遮挡；

12   宜充分利用 ETC 门架系统设置可变信息标志。

13   大型可变信息标志、小型可变信息标志在设置时，应综合考虑设备应用，避免重复设置。

14   为了不影响可变信息标志的信息发布质量，可变信息标志完好率不应低于 95%，计算公式见附录 B。

5.6.2   功能要求

1   提供信息发布功能，包括高速公路基础信息、高速公路出行状态信息、其他相关信息的发布；

2   提供全屏编辑功能；

3   提供日常自检功能，每日定期完成设备自检，发现故障及时报警；

4   提供亮度调节功能，发光亮度可根据外界环境条件自动或手动调节。

5.6.3 性能要求

1 可变信息标志的静态视认距离不小于 250 m，动态视认距离不小于 210 m；

2 可变信息标志视认距离 250 m 条件下，字高不小于 50 cm；

3 显示屏箱体防护等级采用《外壳防水等级》（GB/T 4208）规定的 IP 代码表示，并且不低于 IP65；

4 因传输控制或信息不够准确导致的信息总出错率小于 0.1%。

6 出行信息发布形式

6.1 一般规定

6.1.1 信息发布形式可分为文字信息、符号信息、图片信息、语音信息、视频信息。

6.1.2 发布的信息不应涉及敏感区域、敏感事件或隐私。

6.2 语 音

6.2.1 语音形式的出行信息可通过服务热线系统、智能语音交互系统等载体进行发布。

6.2.2 语音内容宜为交通政务及行业信息、紧急路况事件信息，可根据实际需求发布其他相关信息。

6.2.3 发布的出行信息语音应采用普通话，部分区域可根据需要增加英语、日语、韩语等。

6.2.4 语速方面，中文宜控制在每分钟 180 个字符至 300 个字符，英文宜控制在每分钟 110 个单词至 120 个单词。

6.2.5 各信息要素应采用规范的语音表述格式，名称应表述为"××高速（G/S××）"，位置应表述为"××路段××方向××公里处"，时间应表述为"××年××月××日××时××分"，服务设施应表述为"××服务区""××收费站"等。

6.3 地 图

6.3.1 地图形式的出行信息可通过移动端电子地图、车载端电子地图等载体进行发布。

6.3.2 地图简洁、美观、含义明确。

6.3.3 地图应包含公路线路名称、编号、桩号、收费站、服务区（停车区）、交通枢纽等位置及名称。

6.3.4 地图应使用不同颜色表示运行状态，颜色代码宜参照表6.3.4-1的规定。

6.3.5 地图应采用现行GB 5768系列标准规定的图形化符号。

表 6.3.4-1　高速公路运行状态颜色代码表

运行状态	限制行车速度/（km/h）	平均行驶速度/（km/h）	RGB 颜色代码
畅通	120	≥90	（0，128，0）
	100	≥80	
	80	≥60	
缓行	120	[70，90）	（153，204，0）
	100	[60，80）	
	80	[50，60）	
轻度拥堵	120	[50，70）	（255，255，0）
	100	[40，60）	
	80	[35，50）	

运行状态	限制行车速度/（km/h）	平均行驶速度/（km/h）	RGB颜色代码
中度拥堵	120	[30，50）	（255，153，0）
	100	[20，40）	
	80	[20，35）	
严重拥堵	120	（0，30）	（255，0，0）
	100	（0，20）	
	80	（0，20）	
中断	120	0	（192，192，192）
	100	0	
	80	0	

6.4 文　字

6.4.1　文字形式的出行信息可通过服务网站、可变信息标志、移动应用等载体进行发布。

6.4.2　以文字形式发布的出行信息中含有的信息要素应齐全。

6.4.3　各信息要素应采用规范的文字表述格式，名称应表述为"G/S×× ××高速公路",位置应表述为"××路段××方向K×× + ××处",时间应表述为"××年××月××日××时××分"。

6.4.4 文字信息结构和示例参见《道路交通信息服务 通过可变情报板发布的交通信息》(GB/T 29103)第5章及附录A、本文件附录C。

6.5 标 识

6.5.1 出行信息符号应符合《公路路线标识规则和国道编号》(GB/T 917)、《道路交通标志和标线 第1部分:总则》(GB 5768.1)、《公共信息图形符号 第1部分:通用符号》(GB/T 10001.1)、《高速公路LED可变限速标志》(GB 23826)、《高速公路LED可变信息标志》(GB/T 23828)的规定。

6.5.2 相关符号应进行统一,常用标识及符号见附录D,其余标识及符号的图形信息应与《道路交通标志和标线第 2 部分：道路交通标志》（GB 5768.2）的表示一致。

6.6　图　片

6.6.1　图片形式的出行信息可通过服务网站、移动应用等载体进行发布。

6.6.2　图片应来源于监控系统或操作系统截图，确保可溯可查。

6.6.3　图片内容宜为高速公路出行状态信息，可根据实际需求发布其他相关信息。

6.6.4　时间、路线名称、位置、出行状态等出行信息的关键内容宜包含在图片内。

6.6.5　图片宜采用 JPG、PNG 格式，宽高比宜采用 16：9、4：3 规格，分辨率不应低于 400*300，像素清晰度不应低于 72 DPI。

6.7 视 频

6.7.1 视频形式的出行信息可通过服务网站、移动应用等载体进行发布。

6.7.2 视频应来源于高速公路监控系统，确保可溯可查。

6.7.3 视频应标注时间、路线名称、位置、方向等出行信息的关键内容。

6.7.4 视频宜采用 MP4、FLV、F4V、3GP 等格式，分辨率宜匹配播放设备，且视频清晰。

6.7.5 视频时长合理，以不少于 5 s 为宜。

7 出行信息发布要求

7.1 一般规定

7.1.1 高速公路发布信息内容应要素齐全、表述准确、用语规范、文字精练。

7.1.2 信息要素按时间、地点、人物、事件简况、处置方法、结果等顺序采写。相关称谓、词语要符合语言习惯，不违反国家相关法律法规。

7.1.3 同一高速公路出行信息采用不同形式或载体发布时，应保持发布信息在内容上的一致性要求，且表达形式应满足本规范要求。

7.1.4 同一高速公路出行信息采用不同形式或载体

发布时，应保持发布或撤除信息在时间上基本同步。

7.1.5 同一高速公路出行信息一般在其路域范围内发布，可根据影响范围有所调整，应保持发布或撤出信息在空间上的一致性。

7.1.6 图片与视频信息应具有时间戳、发布单位名称或 logo 字样、事件文字说明。

7.1.7 不在网站社区、论坛、微信朋友圈等公开媒体发布和评论未经核准的高速公路相关出行信息。

7.1.8 通过可变信息标志发布前方动态高速公路出行信息时，可变信息标志显示内容及显示优先顺序应符合《高速公路可变信息标志信息的显示和管理》(JT/T 607)的相关要求。

7.2 信息发布流程

出行信息发布流程按照信息产生到发布的整个生命周期，分为：信息采集、信息处理、信息审核、信息发布与报送、信息备案及存档。

信息采集：信息通过监测、检测、报送等手段按照一定周期以数据的形式被收集和报送的过程。

信息处理：蕴含信息的数据被汇总、分析、提取并制作成为符合一定标准格式的信息的过程。

信息审核：待发布、报送的信息或待交换数据在内容、格式或平台接入认证方面获得许可的过程。

信息发布与报送：得到发布或报送许可的信息被传送到报送对象和发布终端的过程。发布主要面向高速公路出行用户，报送则面向上级或监管部门。

信息备案及存档：将报送或发布信息的内容、时间和期限录入档案的过程。信息备案是防止信息被篡改或将来发生法律纠纷或者违法行为,可以从历史记录中查询记录。信息备案也是提高信息管理质量的有效手段。

图 7.2-1　信息管理流程图

7.2.1　信息采集

1　高速公路人工采集应完善信息报送制度，加大巡查力度，建立多种信息上报渠道，确保信息及时、准确。

2　高速公路信息智能采集宜通过高速公路视频监控系统、交通量监测系统、气象监测系统等智能化装置动态采集，且应监测其工作状态，确保在正常工作状态下采集数据。

3　互联平台共享信息宜通过数据共享接口获取交警、交通运输部门、气象部门等互联平台信息，确保信息的真实性和数据的准确。

4　数据采集应注重信息的数据质量及可靠性，数据内容应真实、完整、准确、有效，并符合以下要求：

1）采集到的信息除规定要素外还应包含采集时间、采集渠道；

2）智能化设备采集数据及设备运行状态数据作为使用参考；

3）系统内工作人员人工填报信息，应附带有工作人员身份或代码；

4）网络平台、报刊媒体、服务热线、社会公众报送的信息在使用时应注意验证其真实性；

5）相关部门报送的信息在采用时应注明来源。

7.2.2 信息处理

1 信息处理宜在出行信息服务管理系统实现数据汇总、数据分析、信息提取、信息制作等功能，并可根据不同发布终端生成文字、图像、音频等信息。

2 处理后的数据除了满足本平台生成信息外，还应满足各级管理部门间数据共享的要求。

3 信息处理应能够从数据中提炼对监管部门、用户出行有用的信息，包括但不限于交通态势以及预测信息等。

4 高速公路静态信息应按照一定周期进行更新；动态信息中的拥堵指数、关键节点通阻指数等出行信息应结合时间和路网状况等参数进行综合评估计算。

5 高速公路经营者应制定信息报送、发布及共享模板，以提高信息制作效率。

6 信息数据应采用统一格式进行存储，存储容量应满足存储时间及安全运行余量要求。

7.2.3 信息审核

1 高速公路经营者应对信息内容、格式进行审核，信息内容应要素齐全、表述准确、用语规范、文字精练，不准许发布反社会、涉密、敏感、内容不完整、有歧义等的信息。

2 信息审核权限根据信息分类和发布方式进行划分，未经审批的信息不准予发布。

3 高速公路出行信息分级审核详见表7.2.3-1。

表 7.2.3-1 信息分类、发布方式和审核单位

序号	信息分类		发布方式	审核单位或部门
1	静态信息	基础信息	交通标志、网站公告或海报、可变信息标志、宣传册、专用互联网终端、手机终端、车载终端等	高速公路经营者审核
2		服务设施信息	交通标志、网站公告或海报、可变信息标志、网联交通终端、宣传册、专用互联网终端、手机终端、车载终端等	高速公路经营者审核
3	动态信息	交通运行状态信息	可变信息标志、网联交通标志、交通广播、电视、报纸、出行信息服务热线、专用互联网终端、手机终端、车载终端等	高速公路经营者审核
4		突发事件信息	可变信息标志、网联交通标志、交通广播、电视、报纸、出行信息服务热线、专用互联网终端、手机终端、车载终端等	特别重大、重大、较大突发事件报送信息或对公众媒体的发布信息由高速公路经营者上级单位审核；一般突发事件报送信息或对公众媒体的发布信息由高速公路经营者审核
5		养护施工信息	网站公告或海报、可变信息标志、网联交通广播、电视、报纸、专用互联网终端、手机终端、车载终端等	高速公路经营者审核
6		环境信息	可变信息标志、网联交通广播、电视、专用互联网终端、手机终端、车载网终端等	高速公路经营者审核
7		服务设施服务状态信息	可变信息标志、网联交通广播、电视、专用互联网终端、手机终端、车载终端等	高速公路经营者审核
8		综合交通运输信息	交通标志、可变信息标志、网联交通标志、专用互联网终端、手机终端、车载终端等	高速公路经营者审核

注 1：发布或转载网络出行信息时，按审核权限报请审核后发布。
注 2：未通过信息审批流程，信息发布人员有权拒绝发布任何单位要求发布的信息。
注 3：信息类型是常见信息，服务内容并不限制信息类型，适用即可

7.2.4 信息发布与报送

1 高速公路信息发布一般针对高速公路出行者；信息报送一般是下级单位对上级单位按照一定格式报送高速公路流量、密度以及阻断等信息。

2 高速公路基础信息应通过标志、标牌、公告栏等设施发布。

3 受影响路段收费站、服务区、停车区宜通过书面告示和口头提示向出行者提供出行信息服务。

4 所辖路段的交通拥堵、交通管制等信息应通过路上、服务区电子情报板、LED 显示屏等电子设施发布。

5 在具备条件的情况下，各类高速公路出行信息宜通过广播、移动互联网终端、公路出行服务网站、服务热线、报纸等多种渠道发布。

6 高速公路出行信息服务范围为其路域范围，超出路域范围发布信息应经上级部门批准、协调。

7 从事区域管理的高速公路经营管理者宜根据信息有效范围发布高速公路出行信息，尽量避免无效信息对高速公路出行者的不良影响。

8 信息发布的时效应根据信息分类规定做出具体要求，详见表7.2.4-1。

表 7.2.4-1 发布时效

序号	信息分类		发布时效
1	静态信息	基础设施	≤ 12 h
2	静态信息	服务设施信息	≤ 12 h
3	动态信息	交通运行状态信息	不定期
4	动态信息	突发事件信息	*引发高速公路（含收费站、服务区）处于阻塞状态拥堵超过 2 km、主线收费站排队长度超过 500 m 且持续时间较长的突发事件信息应在突发事件发现后 30 min 内发布。 *引发高速公路（含收费站、服务区）处于阻塞状态拥堵未超过 2 km、但对路网运行造成较大影响的突发事件信息应在突发事件发现后 30 min 内发布。 *引发高速公路（含收费站）处于中断状态或严重阻塞状态的突发事件信息应在突发事件发现后 30 min 内发布。 关于高速公路交通运行状态恢复的相关信息，应在交通恢复正常运行 30 min 内发布。
5	动态信息	养护施工信息	*因抢修作业、临时性施工养护等需要临时实施交通管制或封闭的，养护施工信息应在实施交通管制或封闭 30 min 内发布。 *高速公路养护施工、改扩建施工、重大社会活动等计划性事件需要半幅封闭或者中断交通的，应在发生进场前 3 日发布
6	动态信息	环境信息	≤ 30 min
7	动态信息	服务设施服务状态信息	≤ 30 min
8	综合交通信息	综合交通信息	不定期

注 1：发布时效要求指从事件信息接收到信息正式发布的时间。

注 2：标"*"信息内容时效性为强制性要求，未标"*"信息内容时效性为推荐性要求

9 信息发布应根据内容的不同维持相对应的时间，直至事件解除。

10 交通事故、突发事件、抢修施工和气象预警等特别重大、重大、较大、一般的事件应按照以下时限处置：

1）突发事件信息发布后，对交通出行不造成影响或者处置结束的，宜在恢复交通或处置结束后 30 min 内撤除；

2）计划性施工信息、抢修施工信息发布后，宜在恢复交通后 30 min 内撤除，如需继续施工的，持续发布相关信息。除此之外，还应预计抢修施工结束时间，及时发布撤除信息；

3）环境气象信息、服务信息、动态管控信息在其发布后宜及时更新。

7.2.5 信息备案与存档

1 信息备案及存档记录应包含信息的原始文字记录及信息来源的时间、地点、方式，信息审核、报送单位、发布时间、撤除时间等内容。特别重大、重大突发事件还应当保存录音、视频、图片以及相关领导对事件的指示、批示和处理意见。

2 高速公路出行信息管理服务单位应根据实际情况选择具体出行信息存档方式（如手工填写、电子 存档、打印存档等），信息发布的内容应当及时登记，确保记录真实、完整、可追溯。

3 突发事件信息存档时限方面，Ⅳ级（一般）应存档半年，Ⅲ级（较大）应存档一年，Ⅱ级（重大）应存档两年，Ⅰ级（特别重大）则应永久保存。信息分类及存档时间详见表 7.2.5-1。

表 7.2.5-1　信息分类及存档时间

序号	信息分类	存档时限
1	基础信息	长期
2	服务设施信息	长期
3	突发事件信息	按突发事件等级存档
4	施工信息	半年
5	环境信息	半年
6	服务设施服务状态信息	1 年以上
7	收费服务信息	1 年以上
8	其他出行服务信息	半年
注：突发事件报送信息存档时限方面，Ⅳ级（一般）应存档半年，Ⅲ级（较大）应存档一年，Ⅱ级（重大）应存档两年，Ⅰ级（特别重大）则应永久保存		

7.3 信息发布管理

7.3.1 机构和人员

1 设置公共信息发布管理机构，建立公共信息发布机制，畅通信息发布渠道，提高信息发布的时效性和有效性。

2 配备一定数量的信息发布人员，负责旅游景区（点）信息收集、监测、报告和发布。

7.3.2 信息发布流程

应建立包括信息获取、信息审核、信息发布、信息维护等关键环节在内的完整的信息发布流程，确保信息发布质量。

7.3.3 发布渠道管理

1 对以交通标志、可变信息标志、信息亭等实物信息的发布渠道，应定期维护，保证信息内容清晰准确、外观完整良好。

2 对以移动应用等多元化网络信息发布渠道，应保证正常运行，信息完整准确、及时更新。

7.3.4　信息质量监督

1 应建立健全旅游高速公路出行信息发布服务机制，制定并完善相应的服务流程和管理规范。

2 应建立信息发布监督工作机制，定期开展信息服务质量和规范的内部监督，自觉接受外部监督。

8 出行信息服务系统

8.1 一般规定

8.1.1 旅游高速公路出行信息服务系统数据交换接口应以满足数据交换的需求为目标，保证数据交换的准确性、可靠性、便捷性，并易于扩展。

8.1.2 省级出行信息服务系统应按照数据交换要求，与部级公路一体化出行服务平台对接。

8.1.3 省级出行服务系统与部级公路一体化出行服务系统交换数据的时效性，不应低于公路出行信息对外发布时效性要求。

8.1.4 跨省出行服务信息交换应符合《跨区域交通出行服务信息交换》（GB/T 33576）的规定。

8.2　系统构成

旅游高速公路出行信息服务系统应主要由数据采集与传输、数据处理与分析、前端显示与交互、后台管理与维护以及服务支撑与接口等系统构成，对旅游出行者提供实时路况查询、实时出行规划、便捷资讯查询、行车安全提醒等服务。

8.2.1　数据采集与传输

主要包括各类传感器、监控摄像头等设备，以及传输设备和协议，用于采集和传输路况、设施、交通流量、旅游景区游客情况等信息。

8.2.2　数据处理与分析

主要包括数据处理软件和算法，用于对采集到的信息进行处理和分析，生成实时的路况、交通事件、游客分布情况等信息。

8.2.3 前端显示与交互

主要包括终端设备、应用程序等，用于向用户显示信息和进行交互，如导航、旅游及住宿服务预订、事件管理等功能。

8.2.4 后台管理与维护

主要包括系统管理、数据管理、安全管理等，用于管理和维护整个系统的运行和数据的安全。

8.2.5 服务支撑与接口

主要包括服务接口、云平台、第三方服务等，用于支撑系统的运行和旅游服务衍生功能扩展。

8.3 系统功能

8.3.1 通过安装在高速公路上的传感器、监控摄像头等设备，系统可以实时监测道路的交通流量、车速、拥堵情况等路况信息，并及时向驾驶员和乘客提供预警信息，如道路拥堵、事故、天气变化等，实现实时路况监测和预警。

8.3.2 根据驾驶员和乘客的目的地和当前位置，提供最佳的路线规划和导航服务，包括选择最优路线、避免拥堵、预估到达时间等。

8.3.3 提供服务区、加油站、餐厅、旅游景点等服务设施的查询和预订服务，使得驾驶员和乘客在行驶中能方便地到达及使用所需服务设施。

8.3.4 对节假日、旅游高峰期出现的道路交通事件和设备故障进行及时处理和管理,包括调度应急救援车辆、修理设备、协调路面清理等。

8.3.5 对路况信息、车流量、设施使用情况等数据进行收集、分析和统计，帮助高速公路管理部门更好地了解道路的使用情况和发展趋势，为决策提供依据。

8.4　数据交换与共享

8.4.1　高速公路出行信息服务系统应建立数据交换与共享机制。

8.4.2　高速公路出行信息服务系统应确保媒体、载体发布的信息内容和时效性保持一致、同步更新。

8.4.3　高速公路出行信息服务系统网络安全应符合《信息安全技术　网络安全等级保护基本要求》（GB/T 22239）三级等保的规定。

8.4.4　高速公路出行信息服务数据交换接口应保证数据交换的准确性、可靠性、便捷性。

8.4.5　内部数据交互接口主要包括基础数据、养护施工数据、突发事件数据、气象数据、交通管制数据接口。接口数据应为高度结构化数据，以满足内部不同信息发布手段的需要。

8.4.6 外部服务数据交互接口包括养护施工数据、突发事件数据和交通管制数据接口。接口数据可为半结构化数据或非结构化数据，能满足外部公众出行信息服务。

8.4.7 数据库表及其组成字段可参照附录 D 的数据接口进行设计与开发。

8.5 信息安全

8.5.1 应该采用强大的数据加密和传输协议，确保数据在传输过程中不被窃取、篡改和伪造。

8.5.2 应该对用户进行身份认证，并根据用户的权限控制其可以访问的信息和功能，确保系统的数据和功能只能被授权的人员访问。

8.5.3 应该采用防火墙和入侵检测技术，确保系统不受到网络攻击和恶意软件的侵害。

8.5.4 应该具备安全审计和日志记录功能，能够记录用户操作、安全事件等信息，以便进行安全审计和调查。

8.5.5 应该采用灾备和恢复技术，确保系统在出现故障或灾难时能够及时恢复和运行，以避免系统数据和服务的损失。

附录 A　旅游景点标志示例

A.1　距离预告标志版面

距离预告标志版面如附图 A.1 所示。

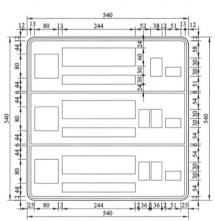

附图 A.1　距离预告标志版面示意图（单位：cm）

A.2 出口预告标志版面

出口预告标志版面如附图 A.2 所示。

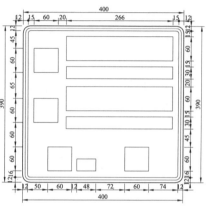

附图 A.2-1　1.5 km 独立设置出口预告标志版面示意图（单位：cm）

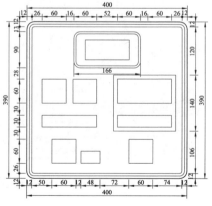

附图 A.2-2　1.5 km 合设出口预告标志版面示意图（单位：cm）

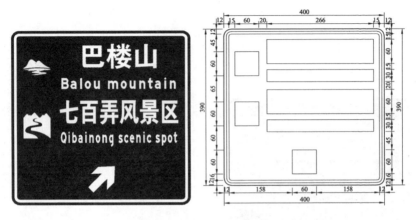

附图 A.2-3　0 km 独立设置出口预告标志版面示意图(单位 :cm)

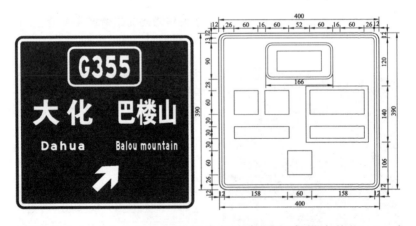

附图 A.2-4　0 km 合设出口预告标志版面示意图（单位：cm）

A.3　距离预告标志布设形式

距离预告标志布设形式如附图 A.3 所示。

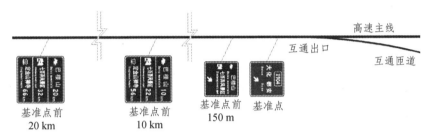

附图 A.3　距离预告标志布设形式示意图

A.4　出口预告标志布设形式

出口预告标志布设形式如附图 A.4 所示。

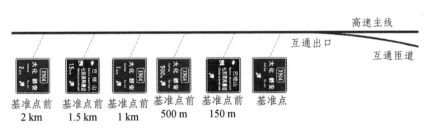

附图 A.4　出口预告标志布设形式示意图

附录 B 可变信息标志完好率计算公式

可变信息标志可以正常使用数与可变信息标志总数的比值。见式（B.1）：

$$可变信息标志完好率 = \frac{可变信息标志可以正常使用数}{可变信息标志总数} \times 100\%$$

（B.1）

指标以各路段为计算单元。

附录 C　出行信息发布示例

C.1　交通运行状态信息服务示例

交通运行状态信息服务示例见表 C.1。

表 C.1　交通运行状态信息服务示例

发布方式	信息结构	示例
可变信息标志	路段名称+行驶方向+路况状态（推荐路径）	示例 1：（ ）至（ ）方向行驶畅通； 示例 2：（ ）至（ ）（ ）车道行驶缓慢； 示例 3：前方（ ）公里开始拥堵； 示例 4：前方排队长度约（ ）米； 示例 5：前方（ ）车道正在施工
网联交通标志		
手机终端	时间+路段名称+行驶方向+路况状态（推荐路径）	示例 1：8:00，前方（ ）段至（ ）段严重拥堵，建议前方（ ）米转至（ ）路绕行； 示例 2：8:00，前方（ ）段严重拥堵，预计（ ）分钟后转为畅通； 示例 3：8:00，前方（ ）段至（ ）段行驶缓慢，预计通过时间为（ ）分钟； 示例 4：8:00，前方排队长度约（ ）米，预计通过时间为（ ）分钟
车载终端		

C.2 突发事件信息服务示例

突发事件信息服务示例见表 C.2。

表 C.2 突发事件信息服务示例

发布方式	信息结构	示例
可变信息标志	路段名称+行驶方向+事故类型+告知/建议/禁令信息	示例1：前方（ ）公里事故，注意减速； 示例2：前方事故，请从（ ）下道； 示例3：能见度低，减速慢行； 示例4：前方（ ）公里施工，封闭（ ）车道
网联交通标志		
手机终端	时间+路段名称+行驶方向+事故类型+告知/建议/禁令信息	示例1：8:00，前方（ ）米有车辆抛锚，注意安全驾驶； 示例2：8:00，前方（ ）段至（ ）段施工，限速（ ）km/h，注意谨慎通行； 示例3：8:00，前方（ ）处边坡垮塌，封闭道路抢修，请从（ ）路绕行； 示例4：8:00，因暴雨/大雾（ ）高速公路（ ）段实行交通管制，（ ）收费站关闭，前往（ ）方向车辆请绕行
车载终端		

附录 D 手机终端、车载终端出行信息发布常用标识符号

手机终端、车载终端出行信息发布常用标识符号图案及说明见表 D.1。

表 D.1 出行信息发布常用标识符号图案及说明

序号	图示	说明
1		正常通行收费站
2		收费站封闭
3		收费站限行
4		收费站分流

5		道路监控
6		交通事故
7		道路拥堵
8		严重拥堵
9		道路清障、有故障车辆
10		道路施工
11		道路禁止驶入
12		高速公路主线临时关闭

13		立交桥匝道临时关闭
14		团雾多发地
15		高速公路移动护栏
16		恶劣天气

附录 E 数据接口

E.1 面向行业内部数据接口

E.1.1 面向行业内部的数据接口清单见表 E.1。

表 E.1 数据接口清单

序号	代码	名称	描述
1	base.highwayRoute	高速公路基础信息	高速公路路线基础信息
2	base.tollStation	收费站基础信息	高速公路收费站基础信息
3	base.interflowOverpass	互通立交桥基础信息	高速公路互通立交桥基础信息
4	event.emergency	路况事件信息	高速公路路况事件信息
5	event.maintain	养护施工信息	高速公路养护施工信息
6	event.tollStation	收费站管制信息	高速公路收费站管制信息
7	event.interflowOverpass	立交桥管制信息	高速公立交桥管制信息
8	event.highwayRoute	道路管制信息	高速公路管制信息

E.1.2 道路基础信息数据接口见表 E.2。

表 E.2　道路基础信息

序号	代码	名称	字段类型	父节点	强制	描述
1	route_id	路线 id	VARCHAR(20)	Root	Y	
2	route_code	路线编号	VARCHAR(10)	Root	Y	
3	route_name	路线名称	VARCHAR(64)	Root	Y	
4	short_name	路线简称	VARCHAR(32)	Root	N	
5	charge_mileage	里程	Decimal(10,3)	Root	N	
6	start_mileage	起点桩号	Decimal(10,3)	Root	N	
7	end_mileage	结束桩号	Decimal(10,3)	Root	N	

注：Y 表示强制，N 表示非强制。

E.1.3　收费站基础信息数据接口见表 E.3。

表 E.3　收费站基础信息

序号	代码	名称	字段类型	父节点	强制	描述
1	station_id	收费站 id	VARCHAR(20)	Root	Y	
2	station_name	收费站全称	VARCHAR(64)	Root	Y	
3	short_name	收费站简称	VARCHAR(32)	Root	N	
4	longitude	经度坐标	Decimal(10,7)	Root	Y	火星坐标系
5	latitude	纬度坐标	Decimal(10,7)	Root	Y	火星坐标系
6	route_id	所属路线 id	VARCHAR(20)	Root	Y	
7	station_mileage	桩号	Decimal(10,3)	Root	Y	

注：Y 表示强制，N 表示非强制。

E.1.4 立交桥基础信息数据接口见表 E.4。

表 E.4 立交桥基础信息

序号	代码	名称	字段类型	父节点	强制	描述
1	overpass_id	立交桥 id	VARCHAR (20)	Root	Y	
2	overpass_name	立交桥名称	VARCHAR (64)	Root	Y	
3	longitude	经度坐标	Decimal (10,7)	Root	Y	火星坐标系
4	latitude	纬度坐标	Decimal (10,7)	Root	Y	火星坐标系
5	overpass_ramp	匝道	Object	Root	Y	
6	ramp_id	匝道 id	VARCHAR(20)	overpass_ramp	Y	
7	ramp_name	匝道名称	VARCHAR(64)	overpass_ramp	Y	
8	in_direction	匝道入口方向	VARCHAR(20)	overpass_ramp	Y	
9	out_direction	匝道出口方向	VARCHAR(20)	overpass_ramp	Y	
10	longitude	匝道中心经度坐标	Decimal (10,7)	overpass_ramp	Y	火星坐标系
11	latitude	匝道中心纬度坐标	Decimal (10,7)	overpass_ramp	Y	火星坐标系

注：Y 表示强制，N 表示非强制。

E.1.5 路况事件信息数据接口见表 E.5。

表 E.5 路况事件信息

序号	代码	名称	字段类型	父节点	强制	描述
1	event_id	事件 id	VARCHAR (32)	Root	Y	

序号	代码	名称	字段类型	父节点	强制	描述
2	route_id	道路 id	VARCHAR(20)	Root	Y	
3	block_direction	事件方向	VARCHAR(32)	Root	Y	
4	direction_code	方向代码	VARCHAR(4)	Root	Y	UP——上行方向 DOWN——下行方向
5	block_reason	原因	VARCHAR(32)	Root	Y	
6	start_mileage	起始桩号	Decimal(10,3)	Root	Y	
7	end_mileage	结束桩号	Decimal(10,3)	Root	N	
8	longitude	经度	Decimal(10,7)	Root	Y	火星坐标系
9	latitude	纬度	Decimal(10,7)	Root	Y	火星坐标系
10	occur_time	发生时间	VARCHAR(24)	Root	Y	YYYY-MM-DD HH24:MI:SS
11	publish_time	发布时间	VARCHAR(24)	Root	Y	YYYY-MM-DD HH24:MI:SS
12	vehicle_detail	事件现场车辆情况	VARCHAR(100)	Root	N	
13	event_detail	详细描述	VARCHAR(500)	Root	Y	
14	is_block	是否有压车	TINYINT	Root	N	

注：Y 表示强制，N 表示非强制。

E.1.6 养护施工信息数据接口见表 E.6。

表 E.6 养护施工信息

序号	代码	名称	字段类型	父节点	强制	描述
1	event_id	事件 id	VARCHAR(32)	Root	Y	
2	route_id	道路 id	VARCHAR(20)	Root	Y	
3	block_direction	事件方向	VARCHAR(32)	Root	Y	
4	direction_code	方向代码	VARCHAR(20)	Root	Y	UP——上行方向 DOWN——下行方向
5	block_reason	原因	VARCHAR(30)	Root	N	
6	start_mileage	起始桩号	Decimal(10,3)	Root	Y	
7	end_mileage	结束桩号	Decimal(10,3)	Root	N	
8	longitude	经度	Decimal(10,7)	Root	Y	火星坐标系
9	latitude	纬度	Decimal(10,7)	Root	Y	火星坐标系
10	occur_time	发生时间	VARCHAR(24)	Root	Y	YYYY-MM-DD HH24:MI:SS
11	publish_time	发布时间	VARCHAR(24)	Root	Y	YYYY-MM-DD HH24:MI:SS
12	prestore_time	预计恢复时间	VARCHAR(24)	Root	N	YYYY-MM-DD HH24:MI:SS
13	event_detail	详细描述	VARCHAR(500)	Root	Y	

注：Y 表示强制，N 表示非强制。

E.1.7 收费站管制信息数据接口见表 E.7。

表 E.7 收费站管制信息

序号	代码	名称	字段类型	父节点	强制	描述
1	event_id	事件 id	VARCHAR(32)	Root	Y	
2	route_id	道路 id	VARCHAR(20)	Root	Y	
3	station_id	收费站 id	VARCHAR(20)	Root	Y	
4	station_action	管制措施	Object	Root	Y	
5	block_direction	事件方向	VARCHAR(32)	station_action	Y	
6	direction_code	方向代码	VARCHAR(20)	station_action	Y	UP——上行方向 DOWN——下行方向
7	inout_code	出入口	VARCHAR(20)	station_action	Y	in-入口 out-出口
8	block_reason	原因	VARCHAR(64)	station_action	Y	
9	action_type	措施类型	VARCHAR(30)	station_action	Y	措施类型：traffic_stationCloseCode：封闭，traffic_limitlineCode：限行，traffic_diffluenceCode：分流
10	action_content	措施详情	VARCHAR(30)	station_action	Y	
11	occur_time	发生时间	VARCHAR(24)	station_action	Y	YYYY-MM-DD HH24:MI:SS
12	publish_time	发布时间	VARCHAR(24)	station_action	Y	YYYY-MM-DD HH24:MI:SS
13	event_detail	详细描述	VARCHAR(500)	station_action	Y	管制信息详细描述

注：Y 表示强制，N 表示非强制。

E.1.8 立交桥管制信息数据接口见表 E.8。

表 E.8 立交桥管制信息

序号	代码	名称	字段类型	父节点	强制	描述
1	event_id	事件 id	VARCHAR(40)	Root	Y	
2	route_id	道路 id	VARCHAR(20)	Root	Y	
3	route_id	立交桥 id	VARCHAR(20)	Root	Y	
4	overpass_action	管制措施	Object	Root	Y	
5	ramp_id	匝道 id	VARCHAR(20)	overpass_action	Y	匝道 id
6	block_reason	原因	VARCHAR(64)	overpass_action	Y	
7	action_type	措施类型	VARCHAR(30)	overpass_action	Y	
8	action_content	措施详情	VARCHAR(30)	overpass_action	Y	
9	occur_time	发生时间	VARCHAR(24)	overpass_action	Y	YYYY-MM-DD HH24:MI:SS
10	publish_time	发布时间	VARCHAR(24)	overpass_action	Y	YYYY-MM-DD HH24:MI:SS
11	event_detail	详细描述	VARCHAR(500)	overpass_action	Y	管制信息详细描述

注：Y 表示强制，N 表示非强制。

E.1.9 道路管制信息数据接口见表 E.9。

表 E.9 道路管制信息

序号	代码	名称	字段类型	父节点	强制	描述
1	event_id	事件 id	VARCHAR(40)	Root	Y	
2	route_id	道路 id	VARCHAR(20)	Root	Y	

序号	代码	名称	字段类型	父节点	强制	描述
3	route_action	管制措施	Object	Root	Y	
4	start_mileage	起始桩号	Decimal (10,3)	Root	Y	
5	end_mileage	结束桩号	Decimal (10,3)	overpass_action	N	
6	block_direction	事件方向	VARCHAR (32)	overpass_action	Y	
7	action_type	措施类型	VARCHAR (30)	overpass_action	Y	
8	action_content	措施详情	VARCHAR (30)	overpass_action	Y	
9	occur_time	发生时间	VARCHAR (24)	overpass_action	Y	YYYY-MM-DD HH24:MI:SS
10	publish_time	发布时间	VARCHAR (24)	overpass_action	Y	YYYY-MM-DD HH24:MI:SS
11	event_detail	详细描述	VARCHAR (500)	overpass_action	Y	管制信息详细描述

注：Y 表示强制，N 表示非强制。

E.2　面向行业外部数据接口

E.2.1　面向行业外部数据接口清单见表 E.10

表 E.10　数据接口清单

序号	代码	名称	描述
1	base.highwayRoute	高速公路基础信息	高速公路路线基础信息
2	base.tollStation	收费站基础信息	高速公路收费站基础信息
3	event.emergency	路况事件信息	高速公路路况事件信息
4	event.maintain	养护施工信息	高速公路养护施工信息
5	event.tollStation	收费站管制信息	高速公路收费站管制信息

E.2.2 道路基础信息数据接口见表 E.11。

表 E.11　道路基础信息

序号	代码	名称	字段类型	父节点	强制	描述
1	route_id	路线 id	VARCHAR(20)	Root	Y	
2	route_code	路线编号	VARCHAR(10)	Root	Y	
3	route_name	路线名称	VARCHAR(64)	Root	Y	
4	short_name	路线简称	VARCHAR(32)	Root	N	
5	charge_mileage	里程	Decimal(10,3)	Root	N	
6	start_mileage	起点桩号	Decimal(10,3)	Root	N	
7	end_mileage	结束桩号	Decimal(10,3)	Root	N	

E.2.3 收费站基础信息数据接口见表 E.12。

表 E.12　收费站基础信息

序号	代码	名称	字段类型	父节点	强制	描述
1	station_id	收费站 id	VARCHAR(20)	Root	Y	
2	station_name	收费站全称	VARCHAR(64)	Root	Y	
3	short_name	收费站简称	VARCHAR(32)	Root	N	
4	longitude	经度坐标	Decimal(10,7)	Root	Y	
5	latitude	纬度坐标	Decimal(10,7)	Root	Y	
6	route_id	所属路线 id	VARCHAR(20)	Root	Y	
7	station_mileage	桩号	Decimal(10,3)	Root	Y	

E.2.4 路况事件信息数据接口见表 E.13。

表 E.13 路况事件信息

序号	代码	名称	字段类型	父节点	强制	描述
1	event_id	事件 id	VARCHAR (32)	Root	Y	
2	route_id	道路 id	VARCHAR (20)	Root	Y	
3	block_direction	事件方向	VARCHAR (32)	Root	Y	
4	direction_code	方向代码	VARCHAR (20)	Root	Y	UP——上行方向 DOWN——下行方向
5	block_reason	原因	VARCHAR (64)	Root	N	
6	start_mileage	起始桩号	Decimal (10,3)	Root	Y	
7	end_mileage	结束桩号	Decimal (10,3)	Root	Y	
8	longitude	经度	Decimal (10,7)	Root	Y	火星坐标系
9	latitude	纬度	Decimal (10,7)	Root	Y	火星坐标系
10	occur_time	发生时间	VARCHAR (24)	Root	Y	YYYY-MM-DD HH24:MI:SS
11	publish_time	发布时间	VARCHAR (24)	Root	Y	YYYY-MM-DD HH24:MI:SS
12	vehicle_detail	事件现场车辆情况	VARCHAR (100)	Root	N	
13	event_detail	详细描述	VARCHAR (500)	Root	Y	
14	is_block	是否有压车	TINYINT	Root	N	

E.2.5 养护施工信息数据接口见表 E.14。

表 E.14 养护施工信息

序号	代码	名称	字段类型	父节点	强制	描述
1	event_id	事件id	VARCHAR (32)	Root	Y	
2	route_id	道路id	VARCHAR (20)	Root	Y	
3	block_direction	事件方向	VARCHAR (32)	Root	Y	
4	direction_code	方向代码	VARCHAR (20)	Root	Y	UP——上行方向 DOWN——下行方向
5	block_reason	原因	VARCHAR (64)	Root	N	
6	start_mileage	起始桩号	Decimal (10,3)	Root	Y	
7	end_mileage	结束桩号	Decimal (10,3)	Root	N	
8	longitude	经度	Decimal (10,7)	Root	Y	火星坐标系
9	latitude	纬度	Decimal (10,7)	Root	Y	火星坐标系
10	occur_time	发生时间	VARCHAR (24)	Root	Y	YYYY-MM-DD HH24:MI:SS
11	publish_time	发布时间	VARCHAR (24)	Root	Y	YYYY-MM-DD HH24:MI:SS
12	prestore_time	预计恢复时间	VARCHAR (24)	Root	N	YYYY-MM-DD HH24:MI:SS
13	event_detail	详细描述	VARCHAR (500)	Root	Y	

E.2.6 收费站管制信息数据接口见表 E.15。

表 E.15 收费站管制信息

序号	代码	名称	字段类型	父节点	强制	描述
1	event_id	事件id	VARCHAR(32)	Root	Y	
2	route_id	道路id	VARCHAR(20)	Root	Y	
3	station_id	收费站id	VARCHAR(20)	Root	Y	
4	station_action	管制措施	Object	Root	Y	
5	block_direction	事件方向	VARCHAR(32)	station_action	Y	
6	direction_code	方向代码	VARCHAR(20)	station_action	Y	UP——上行方向 DOWN——下行方向
7	inout_code	出入口	VARCHAR(20)	station_action	Y	in——入口 out——出口
8	block_reason	原因	VARCHAR(30)	station_action	Y	
9	action_type	措施类型	VARCHAR(30)	station_action	Y	措施类型: traffic_stationCloseCode:封闭, traffic_limitlineCode:限行, traffic_diffluenceCode:分流
10	action_content	措施详情	VARCHAR(30)	station_action	Y	
11	occur_time	发生时间	VARCHAR(24)	station_action	Y	YYYY-MM-DD HH24:MI:SS
12	publish_time	发布时间	VARCHAR(24)	station_action	Y	YYYY-MM-DD HH24:MI:SS
13	event_detail	详细描述	VARCHAR(500)	station_action	Y	

本指南用词用语说明

1 本文件执行严格程度的用词，采用下列写法：

1）表示很严格，非这样做不可的用词，正面词采用"必须"，反面词采用"严禁"；

2）表示严格，在正常情况下均应这样做的用词，正面词采用"应"，反面词采用"不应"或"不得"；

3）表示允许稍有选择，在条件许可时首先应这样做的用词，正面词采用"宜"，反面词采用"不宜"；

4）表示有选择，在一定条件下可以这样做的用词，采用"可"。

2 引用标准的用语采用下列写法：

1）在总则中表述与相关标准的关系时，采用"除应符合本文件的规定外，尚应符合国家、行业和广西壮族自治区现行有关标准及文件的规定"。

2）在条文及其他规定中，当引用的标准为国家标准、行业标准和广西壮族自治区地方标准时，表述为"应符合的有关规定"。

3）当引用本文件中的其他规定时，表述为"应符合本文件第×章的有关规定""应符合本文件第×.×节的有关规定""应符合本文件第×.×.×条的有关规定"或"应按本文件第×.×.×条的有关规定执行"。

引用标准目录

1　《道路交通信息采集　信息分类与编码》GB/T 20133

2　《道路交通信息采集　事件信息集》GB/T 20134

3　《道路交通信息服务　信息分类与编码》GB/T 21394

4　《道路交通信息服务　交通事件分类与编码》
　　GB/T 29100

5　《道路交通信息服务　数据服务质量规范》
　　GB/T 29101

6　《道路交通信息服务　通过调频数据广播发布的道
　　路交通信息》GB/T 29102

7　《道路交通信息服务　通过可变情报板发布的交通
　　信息》GB/T 29103

8　《道路交通信息服务　公路信息亭技术要求》
　　GB/T 29106

9　《道路交通信息服务　交通状况描述》GB/T 29107

10　《道路交通信息服务　术语》GB/T 29108

11　《道路交通信息服务　通过蜂窝网络发布的交通信
　　息》GB/T 29111

12　《地理信息　位置服务　术语》GB/T 35638

13　《高速公路交通工程及沿线设施设计通用规范》
　　JTG D80

14　《公路工程技术标准》JTG B01

15　《智能运输系统　体系结构　服务》GB/T 20607

16　《智能运输系统　通用术语》GB/T 20839

17　《风景旅游道路及其游憩服务设施要求》LB/T 025

18　《道路交通信息发布规范》GA/T 994

19　《面板显示主动发光交通标志》T/CSIA 001

20　《车联网路侧设施设置指南》T/CTS 1

21　《智慧高速公路交通标志设置指南》T/CTS 3

22　《智慧高速公路路侧设备共杆共享技术要求》
　　T/CITSA 16

23　《智慧高速公路信息化建设　总体框架》
　　T/ITS 0125

24　《普通国省道干线智慧公路建设框架》T/ITS 0144

25　《智慧高速公路交通标志设置指南》T/CTS 3

26　《公路特大桥交通工程与附属设施设计指南》
　　T/CHCA 004

27　《智慧道路建设技术导则指南》T/SHJTGCXH 001

28　《旅游公路技术标准》T/CECS G:C12

29　《京津冀高速公路智能管理与服务系统技术规范
　　（京津冀）》DB11/T 3020

30　《智慧高速公路（川渝）》DB50/T 10001，
　　DB51/T 10001

31　《国省干线智慧公路建设技术指南（江苏）》
　　DB3402/T 15

32　《智慧高速公路建设指南（山东）》DB37/T 4541

33　《高速公路出行信息发布技术要求（山东）》
　　DB37/T 4380

34　《高速公路出行信息服务管理指南（广西）》
　　DBJT45/T 037

35　《高速公路综合型服务区建设指南（广西）》
　　DBJT45/T 039